AF454368

A PROPOS

DE

L'ACTE DE NAISSANCE DE MIRABEAU

Comme les morts de la ballade, les erreurs vont vite.

Le samedi, 18 février 1888, le *Soleil du Midi* accueillait la note suivante de son correspondant d'Aix :

« L'acte de naissance de Mirabeau vient d'être découvert par un
« chercheur dans les archives de la paroisse du Saint - Esprit
« C'est à M. Mouttet, juge de paix du canton Nord, le bibliophile
« érudit bien connu, qu'on doit cette découverte. La date authen-
« tique de ce curieux document n'est mentionnée dans aucune des
« biographies publiées du célèbre orateur.

« Cette pièce, communiquée à la dernière séance de l'Académie
« d'Aix, révèle, dans les signatures d'un témoin, une originale
« particularité : celle du marquis de Villeneuve est suivie de cette
« mention : *premier marquis de France.* »

Le mercredi 22, le *Figaro* répétait la même nouvelle en ces termes :

» Aix, 20 février. Un bibliophile érudit vient de découvrir à la
« paroisse Saint-Esprit l'acte de naissance de Mirabeau que l'on fait
« généralement naître près de Nemours. L'un des témoins fut le
« marquis de Villeneuve qui signa : *premier marquis de*
« *France.* »

Et le 10 avril la revue le *Livre*, sous la rubrique, *L'acte de naissance de Mirabeau*, publiait une *correspondance*, datée d'Aix, 21 février, identiquement semblable à celle du *Figaro*, sauf la date. — Le fait ainsi rapporté est inexact : On a confondu l'acte de mariage avec l'acte de décès, et le témoin n'a pas signé *premier marquis de France*.

La *nouvelle* n'en est pas moins en train de faire le tour de la presse !... Il est temps de barrer la route à cette erreur, fut-elle le résultat d'une simple distraction, et bien qu'elle semble n'avoir aucune chance de s'accréditer.

Mirabeau, on le sait généralement, n'est point né en Provence, mais dans le Gatinais-Orléanais, au Château du Bignon (paroisse du même nom), appartenant à l'*Ami des hommes*, son père. La commune du Bignon fait aujourd'hui partie de l'arrondissement de Montargis, département du Loiret, et s'appelle *Le Bignon-Mirabeau*.

Voici l'acte de baptême de Mirabeau relevé sur les registres de la paroisse :

« Ce jourd'hui seizième jour de mars 1749, je, prêtre curé sous-
« signé, supplée les cérémonies du baptême à messire Gabriel-
« Honoré de Riqueti, né le 9 de ce mois et ondoyé le 10, fils de
« haut et puissant seigneur, messire Victor de Riqueti, marquis
« de Mirabeau, comte de Beaumont, seigneur de Bignon et autres
« lieux, et de haute et puissante dame Marie Geneviève de Vassan,
« ses père et mère, de légitime mariage. Le parrain, qui a donné
« le nom de Gabriel-Honoré, est haut et puissant seigneur mes-
« sire Gabriel de Chauly, marquis de Permangle et la marraine,
« haute et puissante dame Anne-Thérèse de Ferrières de Saulve-
« bœuf, marquise de Vassan, lesquels ont signé avec moi. »

Le registre est signé :

Anne Thérèse de Ferrières de Saulvebœuf, marquise de Vas-
« san, — Permangle. — Mirabeau. — F. J. B. de Missilien (sous-
« prieur des Jacobins de Sens); Delaplace (curé du Bignon).

Cette confusion entre l'acte de mariage et l'acte de naissance de Mirabeau étonne d'autant plus, que le Bignon porte aujourd'hui le nom de *Le Bignon-Mirabeau.*

Dès le surlendemain de la mort de Mirabeau, arrivée le 2 avril 1791, le directoire du Loiret, voulant honorer la mémoire du plus illustre de ses enfants, décide, sur la proposition du procureur syndic, que son buste (1) sera placé dans la salle des séances, à côté de la *représentation de la Bastille* (2), afin d'avoir, sous les yeux, réunis, le monument de la conquête de notre liberté, et l'image de son plus ferme appui, de son plus éloquent défenseur.

En même temps les habitants du Bignon sollicitèrent l'autorisation d'ajouter le nom de Mirabeau à celui de leur commune et de l'appeler désormais *Le Bignon-Mirabeau.*

Les termes touchants et naïfs du procès-verbal de l'assem-

---

(1) Il y avait à Paris des industriels qui fabriquaient des bustes et des portraits de Mirabeau pour les municipalités. Nous avons trouvé dans les archives du Var (série L, *fêtes publiques*) un prospectus qui mérite d'être signalé aux chercheurs et aux curieux ; nous le transcrivons :

Avis.— Le sieur Tessier, sculpteur, demeurant à l'ancienne porte des gardes françaises, boulevard de la Chaussée-d'Antin, a obtenu de la famille de *M. de Mirabeau*, commandant du bataillon dont il était volontaire, la permission de mouler son visage ; son opération ayant parfaitement réussi, on peut s'adresser à lui pour en avoir le portrait en buste. Toutes les personnes qui ont vu le masque qu'il en a tiré, sont convaincues des vérités de nature et de ressemblance que le sieur Tessier pourra donner aux bustes qu'il fera en plâtre.

Le masque de *M. de Mirabeau*, pris sur nature, peut se voir à l'adresse indiquée, le matin depuis neuf heures jusqu'à midi, et depuis trois heures jusqu'à sept heures du soir.

Le sieur Tessier sera en état de livrer, au commencement du mois prochain, à MM. les souscripteurs, des bustes de M. de Mirabeau, à raison de dix-huit livres tout réparés.

A Paris, de l'imprimerie des Sourds et Muets, aux Célestins, 1791.

(2) C'est une des réductions en miniature de la prison d'Etat que le patriote Palloy, architecte-entrepreneur, adjudicataire de la démolition de l'édifice, avait fait exécuter avec ses décombres pour les chefs-lieux des quatrevingt-trois départements.

Le patriote Palloy était un habile faiseur, qui avait songé à faire fortune dans cette entreprise. Il créa un corps de voyageurs désignés sous le nom d'*apôtres de la liberté* pour placer en province des souvenirs de la Bastille démolie : modèles et plans de la forteresse, médaillons pour

blée générale des citoyens, tenue le jour et fête de la Toussaint, 1er novembre 1792, méritent d'être retenus :

Le citoyen Nicolas Régnier, maire, expose :

« 1° Que le bourg et paroisse du Bignon est le lieu de naissance
« du citoyen Mirabeau, l'aîné, ex-constituant, qui a tant mérité
« de la patrie, né au dit Bignon le 9 mars 1749, et baptisé le 16 ;
« qu'il y a été allaité et élevé jusqu'à l'âge d'environ neuf ans, et
« que sa sœur de lait est encore vivante, demeurant en la même
« paroisse, sous la puissance d'un mari, bon citoyen, peu fortuné
« et chargé de sept enfants ;

« 2° Qu'à la mémoire du citoyen Mirabeau, premier des grands
« hommes dans la Révolution, cette paroisse devrait porter le
« nom de *Le Bignon-Mirabeau*, afin que tous les citoyens de
« France connaissent le lieu de naissance de Mirabeau, et qu'il est
« né français. »

La proposition est votée d'enthousiasme, avec mention que le procès-verbal de la séance sera adressé à la Convention Nationale. Les évènements du jour emportèrent au loin cette demande, mais la municipalité la renouvela jusqu'à ce qu'elle eut obtenu satisfaction.

En 1880, le Conseil d'Arrondissement de Montargis, à la

dames, encriers, bonbonnières, médailles, etc. fabriqués avec les pierres, les bois, les plombs et les fers des chaînes trouvées dans les cachots.

Dans un de ses *Dimanches révolutionnaires*, paru dans le numéro du 2 décembre 1887 du *Suffrage universel* de Nîmes, M. Rouvière cite une curieuse lettre d'un de ces voyageurs demandant aux administrateurs du département du Gard une avance de fonds pour se rendre à Nîmes, et donne l'adresse suivante : *M. Legros, député de M. Palloy, apôtre de la liberté, hôtel des Princes, à Aix.* — Cette hôtellerie a été transformée depuis. C'est actuellement l'hôtel du premier président de la Cour d'appel d'Aix, M. Charles Bessat.

Le musée d'Aix possède un de ces modèles de la Bastille. Nous en avons vu deux autres aux musées de Toulon et de Menton. M. Victorien Sardou en a un très beau dans son cabinet de travail à Marly.

suite d'un éloquent discours de M. Pallain (1), maire de Gondre-
ville, aujourd'hui conseiller d'Etat, directeur général des
douanes, émit à l'unanimité un vœu tendant à élever un monument à Mirabeau, Le Conseil Municipal du Bignon s'em-
pressa de s'associer à cet acte de réparation nationale, et, dans
sa séance du 15 août 1881, officiellement saisi du vœu du
Conseil d'Arrondissement de Montargis, elle prend la délibé-
ration suivante :

« Considérant que désormais, après une enquête presque sécu-
« laire, où toutes les injustices et toutes les ignorances ont pu
« largement se donner carrière, notre génération a confirmé, sur
« ce grand homme, le jugement porté par ses contemporains du
« siècle dernier, et que ce sentiment s'est trouvé justifié par les
« éclaircissements même de l'impartiale histoire,
« A l'unanimité renouvelle le vœu du 1er novembre 1792, et
« demande formellement que la commune du Bignon ajoute son
« nom à celui de Mirabeau et s'appelle désormais : *Le Bignon-*
« *Mirabeau.*
« Elle demande aussi que le gouvernement élève une statue à
« Mirabeau. »

Cette fois la décision ne se fait pas attendre. Le 22 septem-
bre suivant, le ministre de l'instruction publique et des beaux-
arts charge officiellement M. Granet, artiste sculpteur, d'exécuter une statue de Mirabeau, et le 13 décembre de la même
année 1881, le Président de la République signe un décret
ainsi conçu :

« La commune du Bignon (canton de Ferrières, arrondissement

---

(1) Ce discours a été publié par le *Temps* du 17 août 1880. — La
librairie Plon, 8, rue Garancière, à Paris, l'a édité en 1883, (in-32 de
43 pages) sous le titre de : *La statue de Mirabeau*, vœu...... précédé
d'une lettre de Léon Gambetta, et suivi de *pièces justificatives*. C'est
à ces pièces que nous avons emprunté nos citations.

« de Montargis, département du Loiret) portera dorénavant le nom
« de *Le Bignon-Mirabeau.* »

En attendant que la statue de Mirabeau s'élève dans son
pays natal, les Parisiens ont pu la voir exposée aux Champs-
Elysées, et le *Monde illustré* en a donné une gravure dans son
numéro du 14 août 1887.

Quant au titre de *premier marquis de France*, dont serait
suivie la signature du témoin de Villeneuve, c'est une autre
fantaisie ou distraction du correspoudant aixois. Le contrat,
comme l'acte de mariage de Mirabeau, mentionne bien parmi
les témoins « requis et soussignés, très haut et très puissant
seigneur Louis Henri de Villeneuve, marquis de Trans, *premier marquis de France*, comte de Tourrettes, seigneur de Pi-
bresson, Castel-Valnasque, et autres places, colonel du régi-
ment Royal-Roussillon » : mais le témoin n'a pas signé : *premier marquis de France*, quoiqu'il en eût le droit.

En effet, le marquisat de Trans, au diocèse de Fréjus, est le
premier qui ait été érigé en Provence ou tout au moins vérifié
en Parlement. Il fut concédé en 1505 par Louis XII, en faveur de
Louis de Villeneuve, baron de Trans, de Flayosc, des Arcs et
autres lieux. Les Villeneuve obtinrent, à ce titre, la préséance
aux assemblées des Etats, sur les autres seigneurs provençaux.

Remarquons, en passant, qu'au point de vue strictement
légal, le Roi de France ne pouvait, comme comte de Provence,
ériger, dans son comté, aucun marquisat, le titre de marquis
étant hiérarchiquement supérieur à celui de Comte. Bon nom-
bre de seigneurs provençaux, dont les fiefs avaient été érigés
en vicomtés ou qualifiés baronies sous les anciens Comtes de
Provence, bien avant la création du marquisat de Trans, furent
froissés de cette érection; mais la volonté royale se mit au-
dessus de la loi, et une vraie pluie de marquisats inonda la
Provence aux deux derniers siècles. Barrigue de Montvallon,
dans son *Précis des Ordonnances* (Aix, David, 1752 et 1766,
in-12) donne la liste de cinquante-neuf marquisats créés de
1505 à 1717, et il en omet plusieurs, entre autres celui de
Mirabeau.

Lorsque Louis XIV vint pour la première fois à Marseille,

en l'année 1660, Thomas de Riqueti, seigneur de Mirabeau, eut l'honneur de le recevoir chez lui, avec la reine-mère et le cardinal Mazarin, dans sa maison de la place de Lenche, alors le plus bel hôtel de la ville.

A cette occasion, le jeune roi lui accorda des lettres d'érection de la terre de Mirabeau en marquisat, en récompense de sa fidèlité, de sa bravoure et des services que, de tout temps, les Riqueti avaient, dans les hautes fonctions municipales, rendus à la royauté, en sauvant Marseille des entreprises des Huguenots, et en soutenant la parti du Roi durant les troubles de la Fronde ; mais des événements imprévus retardèrent les formalités de l'enregistrement, et ce n'est qu'en juillet 1685 que les lettres patentes ont été probablement signées ou renouvelées en faveur d'Honoré III, fils de Thomas, blessé à côté de lui en défendant l'Hôtel-de-Ville contre les rebelles. M. Louis de Loménie (*Les Mirabeau*, tome I, p. 53) fixe au 30 mai 1685 la date de l'enregistrement de ces lettres d'érection, tandis que La Chesnaye-Desbois (*Dict. de la Noblesse*), donne celle du 30 novembre de la même année.

Nous avons vainement cherché cet enregistrement dans les archives du Palais de justice d'Aix. Les registres du Parlement sont muets aux deux dates ci-dessus indiquées.

Pour nous résumer, Mirabeau n'est pas né à Aix ; la pièce que nous avons découverte à la paroisse Saint-Esprit n'est pas *l'acte de naissance* de Mirabeau, mais son *acte de mariage*, et le témoin de Villeneuve n'a pas signé *premier marquis de France*, pas plus que l'*Ami des hommes* ne signait *premier baron du Limousin*, bien qu'il prît cette qualification honorifique dans les actes publics et privés.

Le texte de l'acte de célébration du mariage de Mirabeau, relevé sur les registres de la paroisse Saint-Esprit de la ville d'Aix, a la date du 23 juin 1772, a pris place dans un travail intitulé : Mirabeau. *Son Mariage et sa Séparation avec documents inédits*, qui paraîtra dans un des prochains numéros de la revue historique la *Révolution Française*.

A. Mouttet.

Aix, avril 1888.

Typ. A. Makaire. — 1888.